アラカン主婦の毒吐き日記

～貞子バーバは めんどくさい～

著

シロコ

The Bitches diary of ARAKAN Housewife.
“Mother-in-law SADAKO” is annoying.

Comic by SHIROKO

はじめに

はじめまして

アラカン主婦のシロコです。

この本をお手に取っていただき誠にありがとうございます。

この本は、主に私と姑の日常を描いた漫画です。

漫画を描き始めたきっかけは、友人とのメールのやり取りでした。

数年前になりますが、当時私は同居を始めたばかりの鬱屈とした日々を

遠く離れた友人にひたすらメールを送っては、愚痴を吐き出していました。

友人にも舅姑と同居介護し、見送った経験があったので、

私には何よりの相談者でした。

私と友人は過去に無料配布のミニタウン誌を共に編集作成していた事があり

それをきっかけに家族ぐるみの付き合いになりました。

もう30年近く昔のことです。

ある日、友人が言いました。

「あなたの送ってくるメール、お姑さんの話、悪いけどすごく面白いよ。

私自身があなたのメールで励まされたり救われたりしているよ。

あなたは絵が描けるんだから、この話を漫画にして世に出しなさい。

きっと私と同じように共感したり救われるお嫁さんが、たくさんいるはず！」
これを真に受けた私は、さっそくインスタグラムに投稿しました。
ツイッターもフェイスブックもブログもさっぱりだった私ですが、
さらっと描いたいたずら描きのような漫画に、
反響が徐々に集まり楽しくなってきました。
そして、声をかけてもらい、この度書籍の運びとなりました。
実は最初にお話があってから、私はうつ病を発症し、
一度は書籍化をあきらめた時期がありました。
けれど、書籍の担当さんは一年待ってくれました。
誠に感謝の念にたえません。
漫画を描くことに協力してくれた家族、ネタを提供してくれた姑（笑）、
ぴあ様、東京から熱い中、自宅まで足を運んでくださった担当者様、
本当に本当にありがとうございました。
こんな私のつたない漫画、楽しんでいただけたら幸いです。

２０１９年　秋

シロコ

もくじ

はじめに 4
人物紹介 8
我が家にやってきた 11
貞子ふたたび 13
コロンとクロエ 16
かざってちょうだい 18
同居のきっかけ 20
貞子の部屋 32
だまらせましょう 35
貞子は働き者 36
しょうこいんめつ 38
日本民族大移動 40
Uターンラッシュ 41
不快な人はスルーを!! 44
目薬さすよ 46
グラチャンバレー 48
貞夫は見た 49
猫背の事情 50
冷え症対決 52
肩パッドの使い道 54
ゴミ袋がほしい 56
ホラーだよ 58
事件は迷宮入り 59
汚部屋の内訳 63
ていねいな暮らし 66
殿中でござる 68
お出かけの前に 72
テニスのお友達 75
ケアマネージャー 78
前が見たい 81

食べることだけが楽しみ 82
貞子の要求　その1 84
貞子の要求　その2 86
貞子の要求　その2 88
髪を切りたい 90
具合悪い 92
ひろこは見た 95
お風呂と貞子 96
修羅場 98
無病息災 102
年寄りは寒さがダメージ 105
ただものではない 110
ファイト 112
高級志向 115
こりない人 116
よしえさん　その1 117
よしえさん　その2 120
快適な同居　その1 124
快適な同居　その2 126
ひとりになりたい 128
夫婦ゲンカは犬も食わない 130
貞子の偏食 136
誕生日 139
暑いから体調不良？ 140
よだれかけ 142
大好き？　くちべた？ 143
一人でできるもん 146
南国土佐を後にして 151
お別れ 156

人物紹介

ひろこ

この漫画の作者。50代後半。テニス、ピアノ、編み物など多趣味だがどれも大した成果はない。おっちょこちょいで短気な性格。

貞夫

ひろこの夫。60代。定年退職後、ゆるりと働きながら暮らしている。夫婦二人で登山が趣味だがまだ経験は浅い。豪華客船で世界一周が夢。

貞子

貞夫の母。昭和一桁生まれ。静岡県浜松市出身。草むしりが大好きな働き者。四年前から同居している。

クロエ

飼い犬。雑種。里親募集のポスターでひろこが一目ぼれし、貞夫の反対を押し切って飼い始めたが、散歩は主に貞夫の仕事である。

娘

ひろこと貞夫の一人娘。結婚して埼玉県に住む。趣味は手芸、お菓子作り。母ひろこにとって、一番怖い存在。

小春

娘の長女。ひろこと貞夫の孫。クロエの天敵。

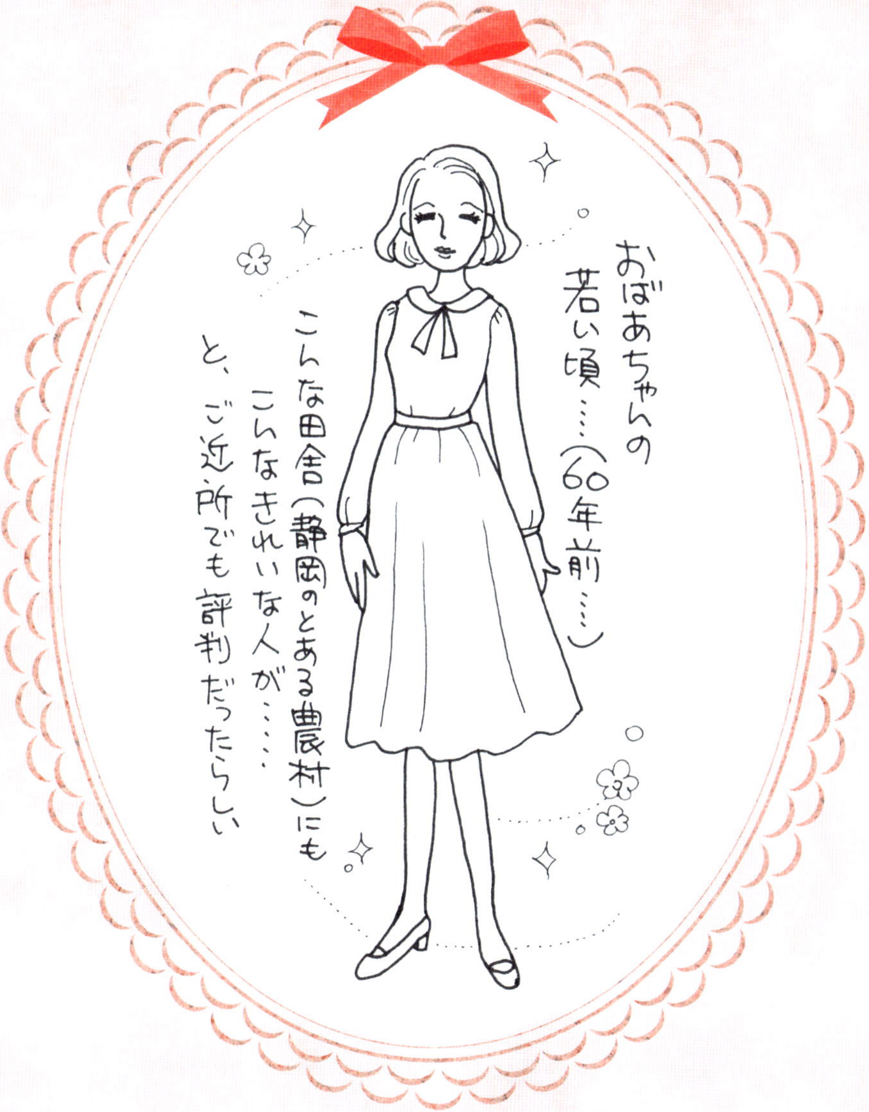
おばあちゃんの
若い頃……（60年前……）
こんな田舎（静岡のとある農村）にも
こんなきれいな人が……
と、ご近所でも評判だったらしい

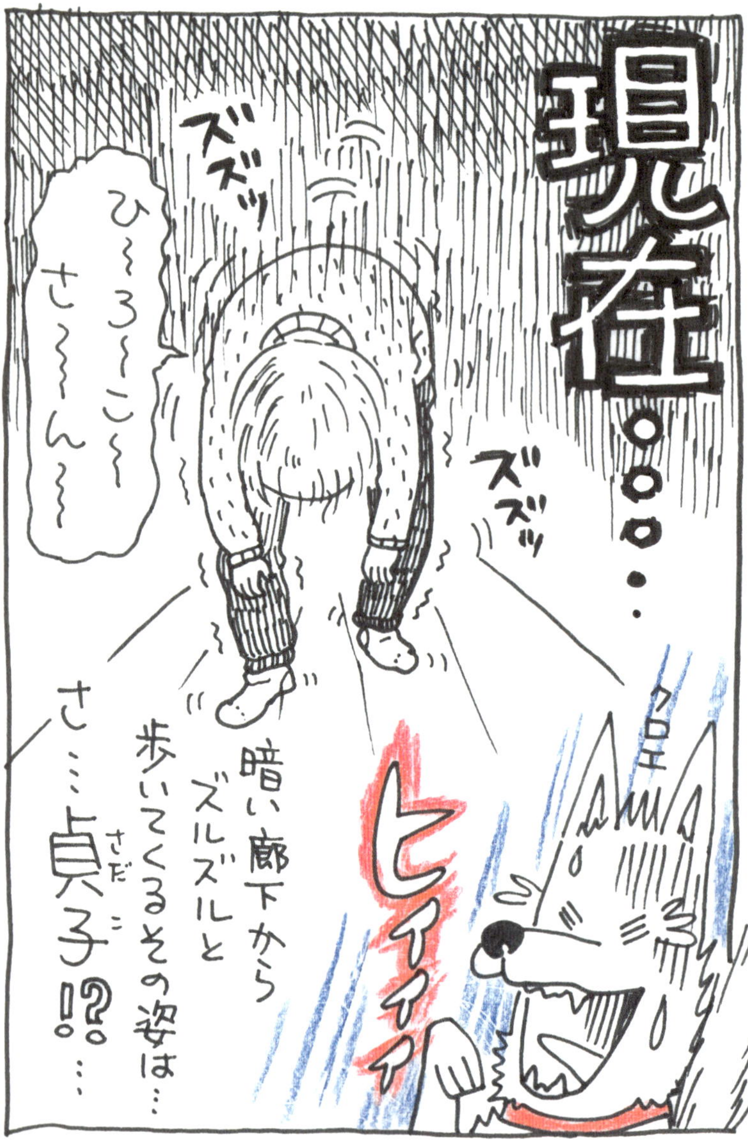

現在。。。・・
ズズッ
ズズッ
ひ〜ろ〜こ〜さ〜ん〜
クロエ
ヒイイイ
暗い廊下からズルズルと歩いてくるその姿は…
さ…貞子《さだこ》!?…

おばあちゃんは、4年前
我が家にやってきました
バーバ
いらっしゃーい
フレンドリー
クロエ

犬、家にあげるけ？
いたずらしゃせん？
わしの部屋に入れらでちょーだいよ
ガーン
※犬、家で(の中で)飼ってるの？

バーバは元来動物嫌い。
でも、猫よりは犬の方がまだましだったみたい。
以来、バーバはクロエのおやつ担当になりました。

もうすぐ発表会
猛練習中
貞子は追いだしました
わたしは名ピアニスト
みんなをうっとりさせるの
ズ…
ハッ
ズ…
なんか気配が…
ズ…
ズ…
ズ…
カチャ…

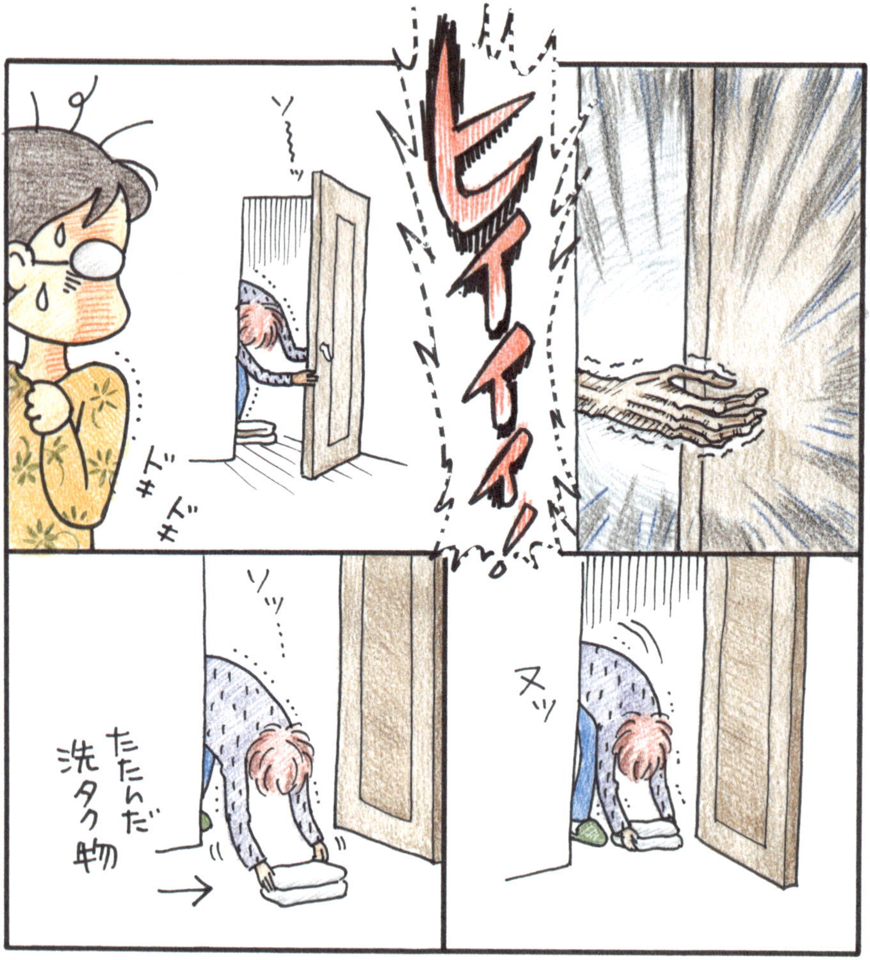
ドキドキ
ソ〜ッ
ヒイイイ！
ソッ…
たたんだ洗タク物→
ヌッ

切り返し……
ゆっくり
ゆっくり
バック
ススス……
ズッ
ズッ
ズッ……
貞子さん…
気を使ってくれてるのはよ～く分かる
分かるが……
戸、閉めてって…

よけい　気が散ります。

1
先代犬・コロンはそれは美犬だった
しかし性格は気難しく家族以外の人が触るとかみつく犬だった
股関節が悪く小さい時から病気がち動物病院の常連大きな手術もした
シェルティ
2
それでも天寿を全う15才と4ケ月
私はペットロスからうつ病に・・・・
3
当時抗うつ薬が効いてハイになっていた私は掲示板のポスターに一目ぼれしてクロエを飼った
人が好きで犬が好きでドックランではどの犬よりも足が早いアスリートだ!!
わはーーい
ドドドドドド…
4
持てなかった物を全部持って生まれ変わってきたんだね…
ヘッヘッヘッ…

皮フ病発覚

コロンと全く違うタイプのクロエ。
感情表現が豊かで、暴れん坊で甘えん坊。
淋しさを埋めてくれました。

貞子はデイサービス楽しそう
ただいまー 今日、ゲームで優勝したに♫
みせて みせて
クロエ(3)
メダル
別の日
ただいまー 今日、ぬりえでほめられたに♫
どれどれ
※参考資料

オサレなリビングが〜〜…

物を置かずにスッキリと、を目指している
リビングの夢は、打ち砕かれました。

同居は、いずれと考えてはいたが
どっちか一人になったら「その時」考える
義父
義母
漠然としていた
2008年2月 義父が亡くなり
貞子は一人暮らしになったが
浜松在住
79才 バリバリ元気
バリ
歩くより車を乗りまわす
仲の良い妹弟は近くにいたし
弟
妹
妹
親せきはみな市内
近所でしょっちゅう女子会をしていた
しかし貞夫の心中はちがった
元気にしてる?
遊びにおいでよ
老いた親をひとり田舎に置いている罪悪感があったようだ
(長男として)

新幹線で来ればいいものを
なぜ私も一緒に…
まあまあドライブドライブ
わざわざ車で迎えに行った
来るのはいいが
よろしくお願いしまーす
この山のような荷物は、いったい…
1度の滞在で最低3週間はいる!!
円形脱毛になった
少しはエンリョってもんが!!
世話になるでね〜
1
2
3
4
10
18
19
20
21

この人には常識ってもんがないのかな
だって普通
よばれるでー
お向かいさんは
またおばあちゃん来てるの？
あなたほんとにエライわねー
よくやってるわ～
私は息子の家に一人でなんて絶対行きたくないわ！
浜松の女子会でも
貞子さん来週からまた千葉かい？
よく行けるなーー
私は嫁のいる家なんて三日といられんら
そうだにー よっぽど居ごこちがいいだかいや
とくい
嫁さんができてるだねー

3、4日ならガマンもできただろう…しかし
こちらから帰らないこと促さない限りずっと居た
当時のわたしには相当ストレス
さすがに3週間も居られると我慢の限界
お願いだから連れて帰って!!
えーしかたないな
どんかん
ヨロロ…
←しかばね
そしてまた浜松まで車で送って行く
貞夫ー
もっととばすだー
うるさい
東名高速

3週間の滞在
それを年に数回
ああぁぁ
オ
オ
オ
オ
ディメンター貞子
すっかり生気を吸い取られてしまった私
当時飼っていた犬（コロン15才）が老衰で死んだ
シェルティ
ペットメモリアル
ペットロスからうつ病になってしまった
つらい
さみしい
悲しい
この先楽しいことなんてない…
苦しい
なにもやりたくない

そして、「その時」はそんな頃にやって来た
家を売る!?
え
そうなの 買いたいって人がいてね
それでバーバがその気になって
義姉 貞代
けれど金額でもめててね 安くてそんな金額じゃ売れん!て…
とにかく一度話し合いにあんたも浜松へ来てよ
築60年以上
うん うん
なになに?
昔、家内工業していた
畑
工場

と、いうことで浜松に走り
東名高速
話し合いにのぞんだ
が
時期は酷暑
モアーン
家にはエアコンがない
無風
貞子
義姉
夫の義姉
近所の家の相場
不動産の売れなさ状況
国をあげての空き家問題
熱風をかきまぜてるだけ
麦茶の氷もすぐとける
ひとり司法書司とかいうおじさんが演説するが
話は遅々として進まない

この暑さでみんな魂がぬけている
ムン
ムン
家を買いたい夫婦
司法書司のおじさん
この司法書司だというおじさん（おじいさん）話をまとめるどころか
カッカッカッカッ
すぐ自分の昔の武勇伝に飛びたびたび脱線する
買いたい方はもちろん少しでも安く買いたい当然だ
売りたい方はもちろん少しでも高く売りたいもっともだ
わしの老後のカネ！
そして流れる沈黙《じかん》——
ミーン
ミーン
ミーン
ショワ
ショワ
ショワ
ショワ

その日の話し合いは結局折り合わず
後日改めてまた集まることになった
あの夫婦こっちの足元見てるら
あんな安くて売れっかい
8月
夜
だけどお母さん今は、家が売れなくて、困ってる人がたくさんいるにましてこんな田舎
向こうから欲しいなんて
いい話だら
だけんが……
そいじゃ安く売ったとしてその後、わしはどこへ行けばいいら

固
カッチーン
わしは
どこへ
行けば
いいら
シーーン
その夜も
結論がでず
話し合いは
翌日に
もちこまれた
そして
また
うんざり
酷暑
ジー
ジー
ショワ
ショワ

そしておっちゃんの武勇伝……しかも同じ話
そこで
わしがこう言ってやっただよすると
うんざり…
みんな頭がボーッ…
その話何回目?
うつ病をかかえていた私は
ハァ
ハァ
ドキドキ
この場所に座ってるだけで苦痛だった
そして短気だった
あのー
もう、その辺でいいんじゃないですか
100万円が200万だってそう違わないでしょ!
いや違う
そっちは買う
こっちは売る
うだうだ行ったりきたりしてないで決めちゃいましょうよ

それでバーバは家《うち》に来る
千葉で暮らす
それでこの話は終わりでしょよ
言ってしまった
同居決定の瞬間
溶
シーーン
パアアアアア〜
バカ
言ったもん負け
この時㊙(まるひ)は心神耗弱状態で正しい判断ができなかったと考察する　よって審議のやり直し……は、されなかった
ちーん

貞子の部屋は
八畳の和室
陽あたり良好
エアコン
テレビ完備
洗
玄関
冷
S
N
ハッキリ
言って
VIP待遇
です!!

通常は
その部屋で
過ごし
オホホホ
食事の時だけ
ダイニングで
共にする
注・貞子
テレビ
そういう生活スタイルを
私は考えていた
完全同居とはいえ
リビングに一日中居座られるのは
正直勘弁してもらいたかった
しかし
一ケ月も
すると
カー

貞子の部屋は
足の踏み場もないほど汚部屋に
洗タク物
結果リビングでくつろいでいる
少しはかたずけろー
ウガー
※まあまあ
まあまあ
アハハ

1
日曜朝
小春ちゃらとこいつ行くだ？
母 貞子(87)
わし買い物行きたいだよ
小春ちゃらの喜ぶもの買ってやりたいで
ほい！貞夫？
ブツブツ
行く行くっていつ行くだ？いつも言うばかりだで
息子 貞夫(60)
うるさいな～
※小春(1)…ひ孫
2
バーバ、はい朝ごはん
ブツブツ…
カタ
3
大好物
……ほ～…お
パ～…
ホットケーキ
シロップたっぷり
4
貞子マスターと呼んで
シ～ン
……
モクモク
グッジョブ
どや

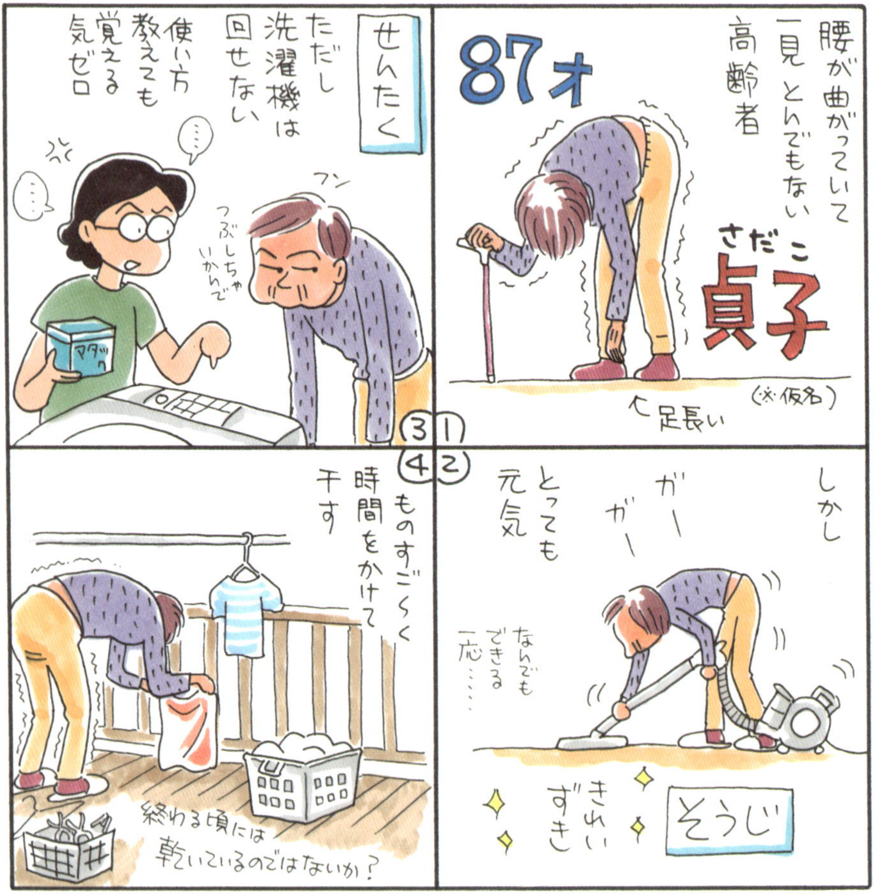
腰が曲がっていて
一見とんでもない
高齢者
87才
貞子《さだこ》
（※仮名）
↑足長い
しかし
ガーガー
とっても元気
なんでもできる
一応……
きれいずき
そうじ
せんたく
ただし
洗濯機は
回せない
使い方
教えても
覚える
気ゼロ
……
……
つぶしちゃいかんで
フン
マタック
ものすごく
時間をかけて
干す
終わる頃には
乾いているのではないか？

あらいもの
重〜い鍋も 洗ってくれる
ジャー
だいじょうぶ？
疲れたら ちゃんと
昼寝
ムリは しません マイペース
TVつけっぱなし
ちっちゃいTVに かえました
また おこられるよ
料理だけは 苦手
逃げる
こら〜
逃げ足 はやい
ほら〜 やらせてあげないと ボケて寝たきりになっちゃうじゃない？
せんたく たたんだに
そして あなたは ブタになる
オホホ
鬼ヨメ
ポテチ

最近、食事の後、動こうとしない貞子が……
ごちそうさま
(片付けて)
貞子(87)

自分で食器を下げた時は……
あれめずらしい

バレてますがな

時々こっそりクロエにあげてたりする事もあります。
嫌いなら嫌いとはっきり言えや!!　怒りますけどね(笑)

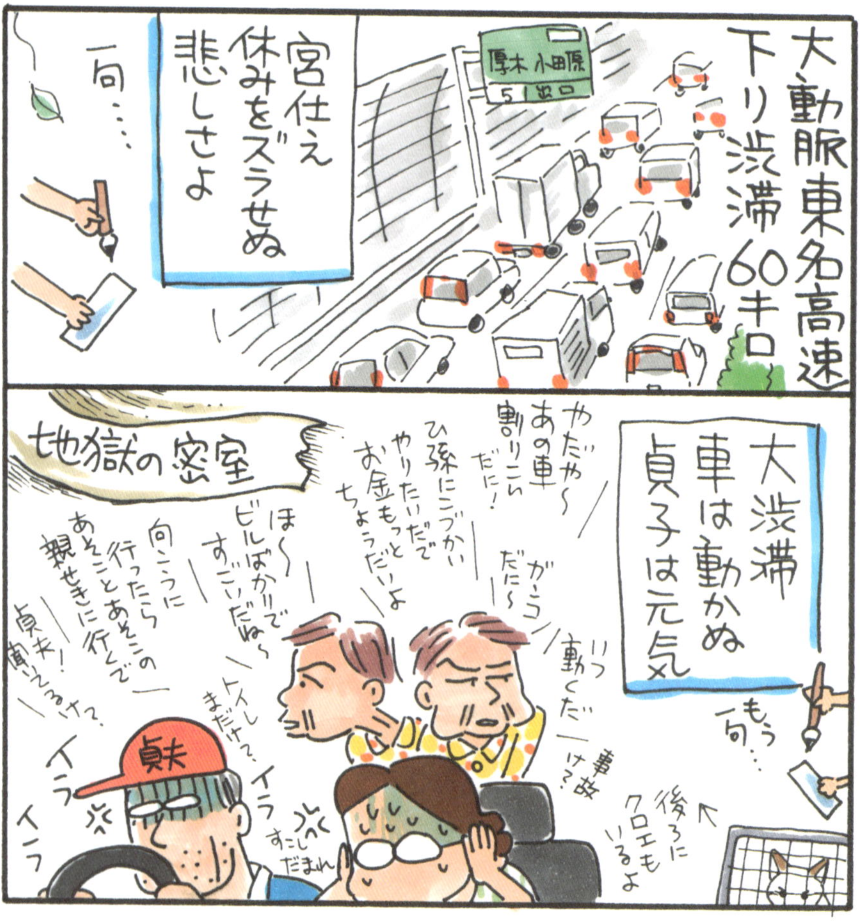
大動脈東名高速
下り渋滞60キロ
厚木 小田原
51 出口
宮仕え
休みをズラせぬ
悲しさよ
一句……
地獄の密室
大渋滞
車は動かぬ
貞子は元気
もう一句…
やだや〜 あの車 割りこみだに！
ひ孫にこづかい やりたいだで お金もっと ちょうだいよ
いつ動くだ
事故け？
ほ〜 ビルばかりで すごいだねぇ〜
向こうに 行ったら あそことあそこの 親せきに 行くで
貞夫！
トイレ まだけ？
イラ イラ イラ イラ
すこし だまれ
後ろに クロエも いるよ

浜松から帰る
渋滞20キロ、、、、、その先50キロ
混雑 ここから20キロ その先50キロ
つまり70キロかよ
なんだそれ!!
貞子は83才まで免許を持っていた
田舎だで歩くのよりいいら
オソロシイ
なので運転手に指図する
前が見えない、と真ん中に座る
あ〜入られるに!!(割込み)
もっと詰めにゃ(車間距離)
あっちスイスイ流れてるらそっち行け(追越車線)
じゃまだこの車抜け抜け!!(大型車)
もっと早く走れ
なにやってるだー
貞夫
イラ
地獄の密室ふたたび

貞夫が疲れたので運転を交代すると
なに〜
ピタッ
……
シーーン
しずかになった
1度だけ
ヒソッ
なんだいね あっちは ばかに 走ってるね
……そっち行かんだか
聞こえるようにつぶやくと いうね…

暗闇に浮かぶ、大口を開けた姿は、まさにゾンビでした。
キャー、コワイー!!

読者様から
お叱りを
受けた
メッセージ
お姑さんの写真を
あんな風に載せて
ゾンビは酷いかと
思いますが…
どーん
フォロー
はずされた
…
ごもっともです
すみません
調子にのりました
反省…
訂正して
お侘びを
……
小春ちゃ～ん
大きい
バーバのとこ
おいでて
だれ
姑
貞子(80)
孫
小春(1)
バーバさ
ならか前より
生き生き
してないて？
お肌とか…
娘(35)
そう
？
ゾンビ
ではなく

エクスペクト・パトローナム!!

私が2階へ行って2人きりになると、甘える貞子
ほい貞夫！目薬さしてちょーだい
貞夫
えー自分でやんなよ
いつも一人でやってるでしょ
しょうがないなー
貞夫
ブツブツ
じゃあさすよ開けて

白内障と緑内障の
目薬を毎日４回指
します。毎回こん
な調子です。やり
ずらい～

二階にいても響く地響き。最初は何事かと思いました。一生懸命なバーバの姿はなんだかかわいいです。

木曜日はバーバのデイサービス
ん？
朝5時貞夫(60才)クロエの散歩
バーバもう起きてる？
貞子の部屋
貞夫

全力で顔ソリ中
貞子87歳女子力高し
みょ〜〜ん
わあああああああ
回
貞

バーバの身だしなみ。いくつになっても大切に、と身を持って教えてくれたのでしょうか（笑）

ひさしぶりに薪割りをしたら腰にきた
ウ〜〜ン
イタ〜〜
痛くない歩き方を模索してたら
腰をまげて
ちょいひざまげると…
お！
いいかんじ
この姿勢
ハッ

後ろ姿が貞子にそっくり
理にかなった姿勢だったか……

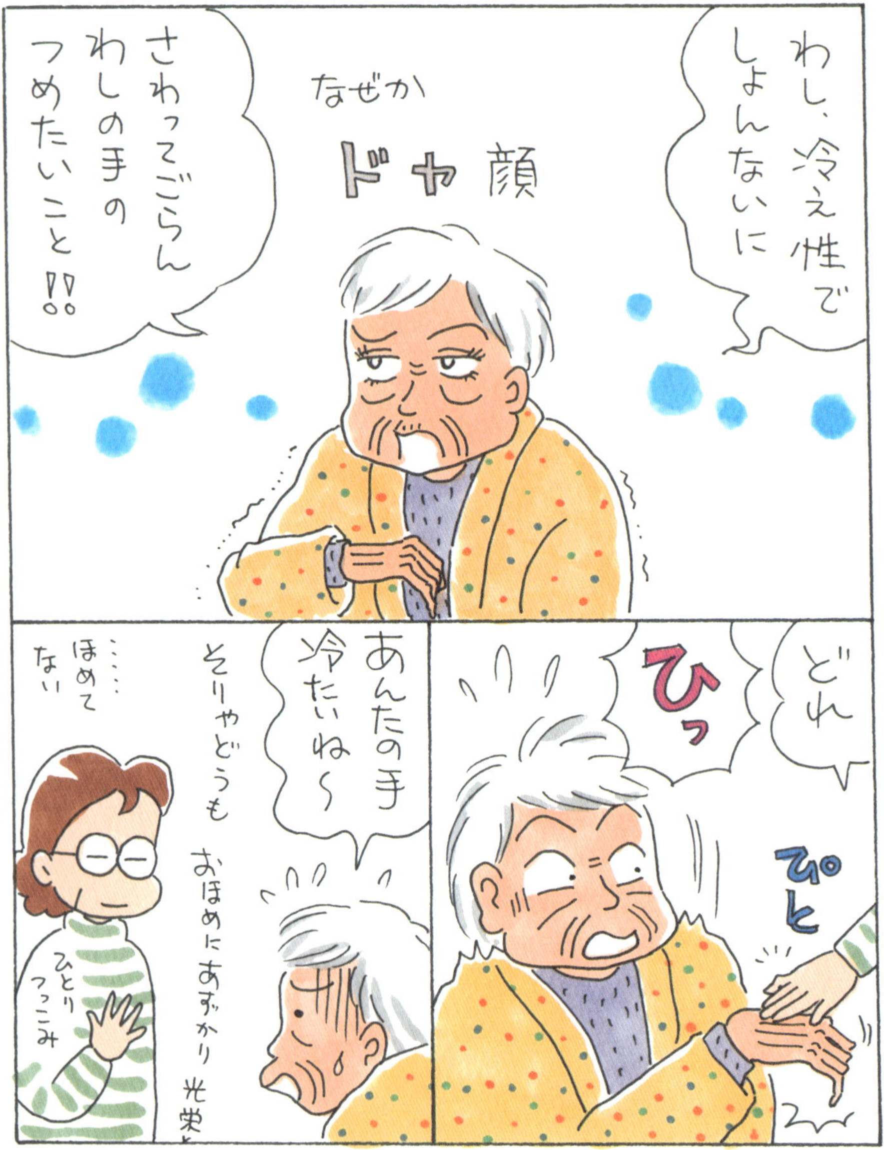
わし、冷え性でしょんないに
なぜか
ドヤ顔
さわってごらんわしの手のつめたいこと!!
どれ
ひっ
ぴと
あんたの手冷たいね〜
そりゃどうも
おほめにあずかり光栄
……ほめてない
ひとりつっこみ

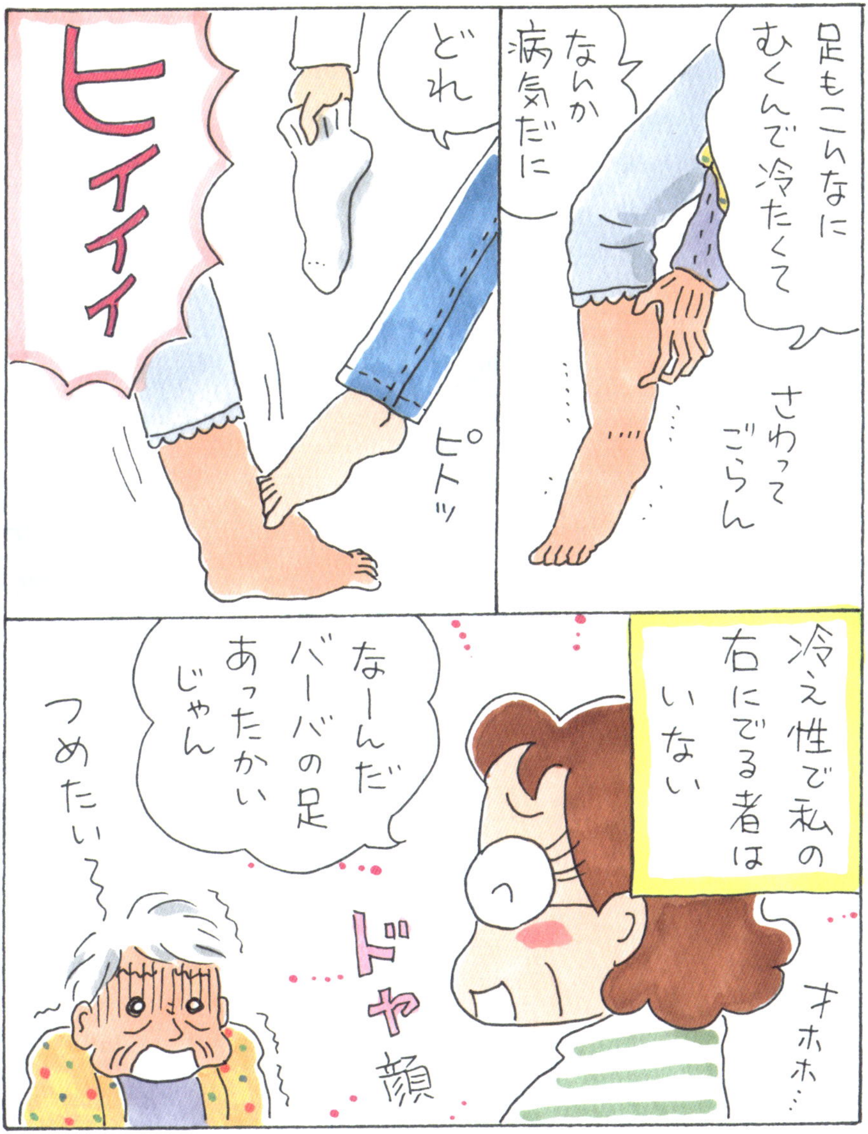
足もこんなにむくんで冷たくて
なんか病気だに
さわってごらん
どれ
ピトッ
ヒィイイ
冷え性で私の右にでる者はいない
なーんだバーバの足あったかいじゃん
つめたい〜
ドや顔
オホホ…

おそれいったか！

肩パッドの使い道

ひろこさん
この肩パッド
はずしてくれる?
肩が
うるさいに
※じゃま
デイサービス
に行く朝
え…
今?
もうすぐ
お迎え
くるのに
上着とニット、
両方についてる
うるさいわけだわ
クフフ
も〜
はい
はずしたよ
これは
捨てていいね?
だめ
もったいない

またあ?
何《なに》に使うの※
…………
。。。。
ソファの足やテーブルの足の下にしくで
たたみや床がいたまんように
イヤです
絶対※
わたしのおサレな家が…
部屋を調べたらダンボールいっぱいにはずした肩パッドがありました
ゴチャ…
みかん

ゴミ袋がほしい

雨の日に うすい ビニール袋に 入ってくる 新聞
コレ
捨てて いたのだが
ビニール袋を
ビリ ビリ〜
カシャ カシャ
もったいない 私にちょうだい
えーー？ こんなの 何の役にも たたないよ
また もったいない オバケ…
どーするの？
ピラ

このうすさがちょうど良いのだそうです。
それなら他の袋を捨ててくれ〜

バーバの足音
ズッ…
ズッ…
ズ……
ヌッ
ヒッ
↑私の声
貞子の顔は
ドキドキ…
すごーく低い位置
ごはんまだけ？
びっくりさせようとしてるんじゃないよね
ありえない位置から出る
図解

25日はバーバの誕生日
娘達も来たし
フンフ〜ン
カシャ
1日早いパーティー
カシャ
久し振りにケーキを焼きます
バター

大成功!!
ふわあ〜ん
あら熱をとったらデコレーション
と…ところが
ダーーン
30分後、無惨な姿で発見!!

は…犯人は?!
ハグハグ
ぶんぶん
容疑者①
クロエか!?
はたまた
ひょいパク
ひょいパク
容疑者②
小春か!?

ケーキは食べられた所を切って、半月状態でデコレーションしました。結局真犯人は分かりません。

その1
バーバ その下着 もういらないんじゃないの？
ずいぶんくたびれてるよ
これはまだ使うに
どっさり
ぞうきんにできる!!
いや…ここに新しいタオルがいっぱい…
これを使えば？
タオル
みかん

その2
この段ボールは
なに？
え？
カラッポ
みんな
カラ↓
なにか入れるに
とっとく
なにかって
なに
その他
お菓子の箱

ありえなーい‼　ゴミ箱の上に食べる物‼　私には無理ー‼

ひまそうなので
ちらしで作る
ゴミ箱の折り方を
教えた
こうして
こう
かんたんだ
ボケ防止
にもなる
ゴミが
たまれば
そのまま
捨てれて便利
意外にじょうぶ
テーブルがちらからない
手軽!
そのままポイ
エコ!

作ったゴミ箱は、デイサービスに持って行き、使ってもらいました。バーバの生きがいになったようです。

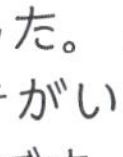

貞子が好きなみかんを買った
1袋398円
和歌山
だが
貞子の生家は農家みかんも栽培していた
木からポンポン落としてね
それをひらうだよ
じーーっ
みかんにうるさい
これ安いで
悪いやつばかりつめたじゃない？傷ついてるに

手をつけない
悪くなってやせん？
皮からくさるに
かるく
ムカ
農家さらに
失礼だわ
片づけたつもりが
取り忘れ
くすり
たまたまひとつ貞子の前に…

ねえ
これ…
わたしに〝食べろ〟って言ってるぅ？

ひとつひとつは大した事ないのに、積もり積もると導火線に火がつきます。

※お出かけとは米寿のお祝い、伊豆旅行のことです。

お支払いは送迎時
領収書です
すみませんでした
領収書見せて
?
やった人の名前書いてある?
あるね S木……
じーっ
石塚貞子様
¥1900ー
1番下
なんで?
見えるのね
そんなちっちゃい字……

こわいよ、こわいよ〜

テニスのお友達練習の後、ランチ
おばあちゃん88才？
じゃあ米寿ね
お祝いしなきゃね

いーわ めらどくさい
ウエ～
あら かんたんに 食事でいいのよ
そうそう 家族で料亭とかね
あ、でもね
お祝いすると

その後、浜松の親族もまじえて、伊豆のホテルでお祝いしました。

今年の春
介護認定（毎年やる）
おばあちゃん最近どうですか？
M本さん
アラフィフ
要介護ついて良かったです
※要介護1
しっかりしてらっしゃるから要支援になるんじゃないかと思ってました！
ヒヤヒヤでしたよ
おかげさまで
※受けられるサービスが異なる

浜松ではお一人暮らしだったんですよね？
ご自分ではひととおり身の回りの事はおできになる…
お料理は苦手…
でも…
今は、食事の宅配や訪問ヘルパーなどありますからサービスを上手く利用すれば…

ここだけの話です

貞子は
ドライブが
大好き
前が見たい
らしく
まん中に座る
バックミラー
にうつる
貞子のアップ
じゃま
です……
どアップ
↑後ろから
運転に
文句
なんも見えねー

デイから帰って来て着替えを済ませると
ガー!!
疲れているのか一瞬で高イビキ
ごはんだよ
はいっ
はいどうぞ
ハーーッ

何なら良かったんでしょうか？
人に作らせておいて、ただ寝て待ってる人に言う資格なーし。

ひろこさん あんた、今日は でかけるて、
なんか あるて、
テニス
ホカリ
バーバ おやつ
わし…… 耳の中が ゴロゴロ するだよ
聞いてない
はじ まった

大きな耳クソがかたまって自分で取ろっか思うに
ひっかき、まわすけど痛くて取れんで
汚部屋
耳は自分で奥までやっちゃいかんだでいうで
それがゴソッと取れればきっとよく聴こえるようになるで
耳《じ》鼻《び》科《か》へ連れて行けと

貞子の要求　その2

バーバが洗タク物をたたんでくれた
のはいいが
私の白い綿シャツ
キチンとたたんであるけどなんでそれだけそこに?
ヨレ…
ねーひろ二さん
私のスカーフよれよれでカッコ悪いに
これでいいだかいや
あ、そう
無視
いいんじゃない・・・・・

あ、あんたの白いシャツねーそこに置いてあるで
はい ありがとう
つとめて無視
それがっ、
アイロンかけるだら？。
・・・・・・
これ…… ヨレヨレ…… アイロン……
これも…… ひろこさ〜〜ん
ついでにスカーフにもアイロンかけろ、と

貞子は いち番風呂は 嫌がる
自分が入って 湯を汚しては いけない、という 貞子の気づかい であろう
ポロリン♪
お風呂 わいたよ
バーバ 先に 入んな
わしは 後でいいに
あらたら 先に 入んな
あそう
いそがしい
今、ひまなんだから、先に入ってくれればこっちも助かるのに
そして
ひろこさん お風呂入った？、
まだだよ
ごはんの したく中
?

なんでいちいちまわりくどいんでしょうか。
はっきり言わないのが美徳と勘違いしてません？

髪がのびてきたら
リリーフ
デイサービスの床屋頼む？
予約入れなきゃ
デイの床屋そう大した切り方じゃないに
じゃ美容院行く？
顔そりもしたいで美容院はやってくれんら
じゃやっぱり床屋じゃなきゃ
ウダウダ
イラ
話がすすまい

床屋は男刈りだでいやだ
男刈り？
イメージ1
その少ない髪の毛をどうおしゃれにカットしろというのか
イメージ2

ひろこさん
今日はわし、風呂はいいで
あ、そう ハイハイ
今日はデイで入ってきたじゃん?
鼻がでて頭も痛くて
グダグダ
わざとらしい咳
ゴホ
ゴホ
デイでもそう言って風呂やめたに
調子が悪いで……

だったら
さっさと
布団に入って
寝なよ
布団に入っても
寝られんじゃん
のど
痛いし
すぐには
寝つけんに
老眼鏡
いつまでも
リビングに
いないで
風邪かな
でも熱もないし
食欲もあるし
大丈夫だよ
モツ鍋食べて
オモチも食べて
もうお腹
いっぱい
何《なん》にも食べ
られんに
げふ〜
と、言いながら
デザートの
チーズケーキも
ペロリと
たいらげたし

あ！
もう寝てるし
コックリ
コックリ
具合悪いアピールしてただけです
リビングは居ごこちよくて
動くのめんどくさくなったわん

輪ゴムが!!　輪ゴムがビンボーくさいのよ〜〜〜

貞子は断固として風呂は最後に入る
ピロリン ポロリン
お風呂がわきました
40°
なので私達は大いそぎで入る
早く入らなきゃ
バーバが寝ちゃう前に!!
あたふた
私たちのごはんは後回し
バーバ、私達、もうお風呂に入ったからいつでも入ってね※
あ、そう
※さっさと入れの意
ところがなかなか入らない
ジャー
カチャ カチャ
イラ イラ
1時間
貞子時間↓
あっはっは

バーバ!! 早くお風呂に入《はい》ってよ!!
分かってる 入《はい》るに
あはは
あれ、あれ!
それからまた1時間
バーバ!! ガスがもったいないよ!
保温にしてるんだから
なんだか身体の調子が悪いで
逆ギレ
ゴホ ゴホ
プイッ
お風呂やめた
ヴ〜〜〜
ガス代が〜〜
ウソをつけ
都合が悪いと病人になる

どっか連れてって
外行きたいに
デパート連れてってちょうだい
ねーほい
きいてるって
ドライブ!!
同居を始めたばかりの頃
うるさいなーオレ、仕事だよ
いい天気だよ
ヒマなら散歩でもしてきな
運動しな
やだ
こんな所歩きたくないに
シェッー

カチン
そうだよ バーバ、みんな散歩してるよ 運動しないと動けなくなるよ
こんなとこだとォ？
ここは緑道が整備されてきれいだよ
動けなくなってもいいに
あんなおばあらと一緒け？
動けなくなったら追い出すよ
なにその上から目線
ムカッ
どーぞどーぞ追い出して下さい

わたしは毎日泣いてるんだ
どこへ(老人ホーム)行こうかな〜
まあにくたらしい
オロオロ
パラレット
だって見てるに
ウソ
その夜
自己
どよーーん
……
嫌悪

テレビ見て楽しそうでした

一枚も二枚も
上手です。戦っ
たら負けです。
かないません。

貞子定期健診
ながいき病
はい貞子さん血液検査何の異常もありません
貧血もなおってるし
お薬はいつもどおり
じゃまた2ヶ月後
会計
そらなはずないやー
わし、悪い所だらけだにあの先生ヤブだら
医者代えてちょうだい!!
はいはい

コポポ…
大判焼
バーバ、お茶…
どうしたの？
ボ～…
わし…

いくつまで生きるだかいや
その答えは風の中

ヨロ…
わし…具合が悪いだや…
え
めらどくさい
この いそがしい 時に
※年末
今日、デイで(デイサービス)吐いてしまって
黒いものがドボドボと
ちょっと…
ズイ
これ…
↑デイサービス通所記録
ここに今日のこと書いてあるから読んでちょうだい
連絡帳・日誌のようなもの
どれ
様
サービス

取量
回/分
主食
副食
服薬
食前
食後
朝食
昼食
やつ
食
10
8
○
○
実物大トレース
排尿
回
口腔清掃
健康チェック後入浴実施
午前中は、計算プリントをしていただきました。その後、入浴前より嘔吐があり、本人の希望により入浴された後 ベットでゆっくり休んでいただきました
その後回
入浴された後 本人の希
ゆっくり休んでいただきました ベットで
その後回復され、お昼はしっかり召し上られました。
(迎)
お客様ご確認 印またはサイン
(送)
なーんだ いつものことだ
寒かったから冷えたんだ
あったかくしてな
わし、逆流性食道炎だに
病気だに!!!

足が冷た〜くなって眠れんかったに!!
右はいいだんさが左が氷みたく冷たく…
絶対どっか悪いに!!
湯タンポならんか!!
湯タンポ入れてるでしょーが
逆流性はどこいった
やけどしちゃいかんから布団の奥に…
気持ち悪くて何も食べたくないに!!
あったかくしてなって
ギャー
ギャー
吐くで
おかーさんしっかり
不毛…
これが我が家の日常や…
わたしだっていそがしくて調子悪いわさ食欲ないだわさめまいがするわさあたまいたいわさ
ブツ
ブツ
でもあんたたちのごはん作ってるだわ
やることいっぱいあるわ

貞子のおやくそく
ほらほら あったかい 格好して
第1条 「戦ってはいけない」
ストーブの前に 座らな
あったかい とこにきな
過保護の貞子
ほら! 鍋のスープに 大根おろし たっぷりのせて ポン酢で食べな
食欲なくても さっぱりするよ
……
モク モク
おいしかった らしい
お茶 ちょうだい 薬のむ水も
デザートまで 完食

今年もこの調子でしょう きっと…… がんばれ わたし

健康チェック	体温	血圧		脈拍	コメント
	36.7℃	114 / 68		88 回／分	健康チェック後 入浴
食事・服薬	摂取量		服薬		同テ-ブルの方々とは話か
		主食	副食	食前	食後	合う様子。冷静に物事を判断して
	朝食					対処して下さいます。午後はレク活動
	昼食	10	10		○	参加されました。
	おやつ	○				
	夕食					
	目薬・湿布・軟膏・その他（　　）					
排泄	排便　　回／排尿　　回					
口腔	口腔体操　・　口腔清掃					
	口 体操					

回りをよ〜く観察して他人を見定めて派ばつを作り、更に徒党を組んで他の利用者やボケたじーさんの悪口カゲ口を言い合いそして常に従業員の顔色を窺っている油断のならないとんでもね婆さんだ
……と書いてあんのよ
ど
ふっふっふ……
わかる…わかるよ 私にはこの人の言いたい事が……
お母さん歪んでるよ……

同居3年　歪みもします

とある用事で とある事務所
お疲れ様でした
無事済みましたね
ありがとうございました
お世話になりました
先に車に行ってるよ
うん
。。。。
キイ…

おばあちゃん
おいくつ？
88…です
まあお元気ね
さらりと
一緒に暮らしてらっしゃる？
社交辞礼
はい
同居です
あら
まあ
……

高齢者をいたわる目か、介護する者を応援する目か。
周りの目があたたかい。救われます。

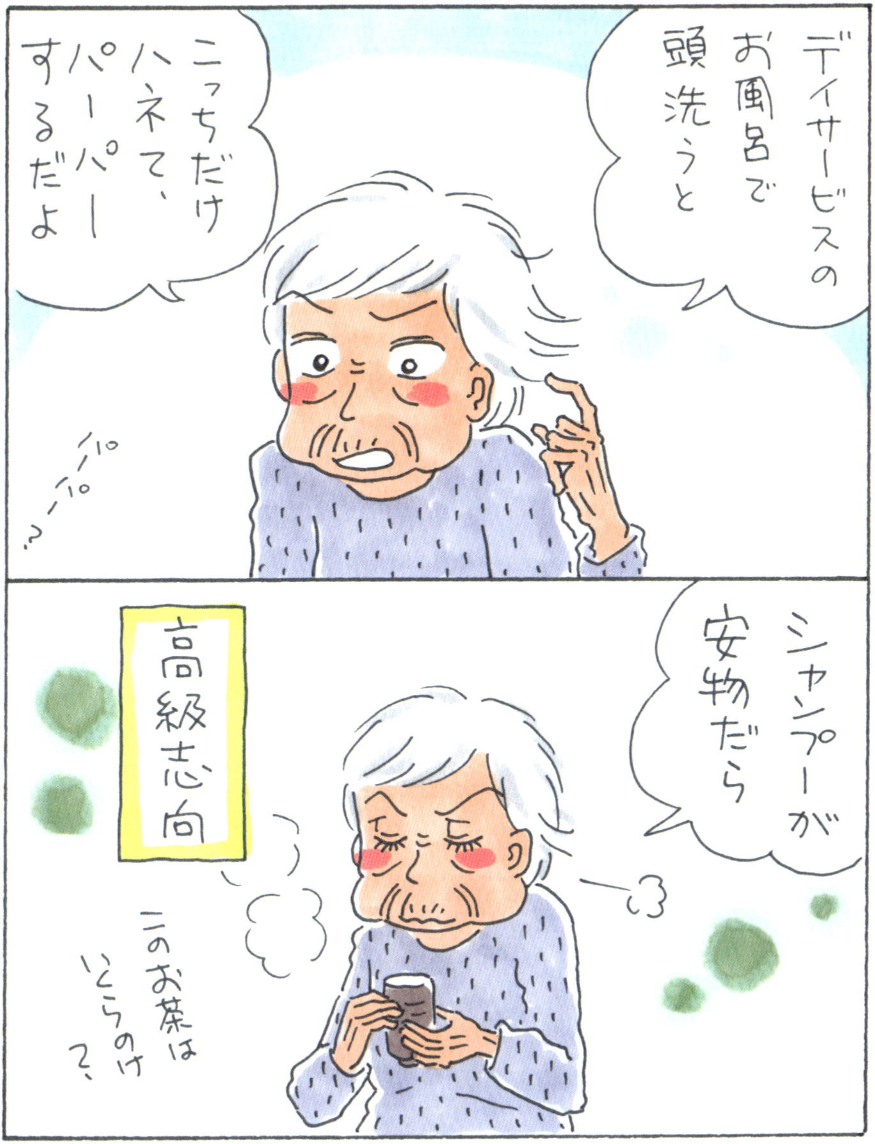
デイサービスのお風呂で頭洗うと
こっちだけハネて、パーパーするだよ
パーパー?
シャンプーが安物だら
高級志向
このお茶はいくらのけ?

先に怒った方が負けみたいです。あーストレスたまる。

バーバの浜松での茶飲み友だちによしえさんと、いう人がいる
年はバーバより5、6才上だがいつも身ぎれいでシャンとしていて年より若く見える
週に3回位よしえさんの家にみんなでお弁当を持ち寄っては楽しいおしゃべり
よしえさんには東京に住む息子さんと浜松市内に嫁いだ娘さんがいるが今は、よしえさん一人暮らしだ

ところが突然
よしえさんは
息子さんに
引き取られた
という
東京
浜松
一人暮らしに
ジ・エンド
社長さん
へーよかった
じゃない
よくないいに
てっきり
息子の家に
行くもんだと
思ってたら
いきなり
老人ホーム
だに!!
え
まだ1人で
何でも
動けるに
老人
ホーム
だに
ま、まあ
それぞれ
家庭の
事情がね
……
何の相談
もなしに
ふ…
ふーん
いーなー

息子や孫と一緒に暮らせると思っとったら
嫁なんか1度も顔見せに来なんだって
イキイキ
コーフン
ふ……
ふーーん
かわいそうだねェ……
そう!!
かわいそうだかわいそうだって、み〜んなに言ってるに
社長かないか知らないが
冷たい息子だに〜
うれしそう
言いふらしてるのはあなたでしょ

よしえさんの入所している
ホームが、偶然にも
私の実家から、そう
遠くなかったので
ひまわりの里
バーバを連れて
時々面会に行った
私も母の顔を
見に行けるし
一石二鳥
だったのである
すみません
石塚よしえさんに
面会に来たん
ですが
私は、いわゆる
老人ホーム、
デイサービス等
あわせて、
初めて訪れる
場所だった
車イスに
乗った
ご老人が
数人居眠り
をしている
広間を通り
テレビ
車イス
借りた

暗証番号で開く
エレベーターで
2Fにあがる
ウイーン
かぎ
よしえさんの
部屋は角の
広い間取り
だった
新しくてきれい
マンションか
ホテルみたい
貞子さん?!
どしたに?!
ま〜あ
久し振り
だら
どうして
はじめまして
ひろこさん
嫁に連れて
きてもらった
だよ
ひろこさんの
在所がこっから
近いもんだで
ぐうぜんだに
そうお〜

いいお嫁さんで良かったら貞子さん
こんな所まで連れてきてくれるならて
ほんとだにー
いつもよくしてくれるだにー
私は恥ずかしかった
毎日、おおごっつお食べてるに
※ごちそう
いいねー
貞夫もあちこち連れてってくれるし
身の置きどころがなかった
いいねーいいねー貞子さん幸せだねー
孫も時々顔見せにくるでねー
なんて無神経なんだろ

その人
お友達
なんでしょう、
また来てね
ぜったい来てね
もちろん
また
来るでね
その帰り途
貞子と二人きり
の車内は、
何とも嫌な
気分でした
施設に
入れられたら不幸
家族と仲良く
暮らす自分は
幸せ、というような
話を繰り返し
聞かされました
よしえさんは
その後
91歳で
お亡くなりに
なりました

娘に愚痴吐き
便秘だ便秘だって大さわぎ
運動不足だもんあたり前だよ
薬ばっか飲んで
好き嫌いばっかだし
肉ばかり食べるから
わざと野菜たっぷりにしてやるんだ
いじわる
デパート連れてけってうるさくて
何にも買わないくせに
街中だと歩くんだよね
ただの散歩はイヤだってムカつく
だからコロンの散歩に連れ出して
めいっぱい歩かせるんだ!!
いじわる
※コロン→先代犬

わたしって バカ〜？

友人に愚痴吐き
お茶できないって？
うん帰らなきゃ…
またお姑さん来てるの？この前帰ったばかりじゃない大変ねー
ムカつくことばかりでー
ストレスたまるわね
我慢はしない方が身体のためよ
うん言いたい事は言うよ
私は黙ってられない
で、お姑さんは？
強いから言い返してくるよ
すげえババアだよ
まあ〜

でも言いたい事エンリョなく言い合える関係っていいわよ
気を使わなくて
だからお姑さん居心地良くていらっしゃるのね
え…
そおなのか…

貞子が夕食の後リビングに居座る件
自分の部屋にいってくれ
イラ
イラ
イラ
見たいテレビも楽しめない
何回促しても平気でいつまでもいる
いないでしょフツー こんな時間まで起きてる年寄り
背後霊のように
デイメンターだった
でもさバーバもみんなと居たいんじゃない？
淋しいんだよ
娘
私達のくつろぎタイムが侵害されとる
限度ってもんがある
ドン
だからね
？

自分だけの部屋夢でした

※お母さん→ひろこの母かず子

言われなくとも
なんだと
出て行くわ
と、言いたいところだが
れいせいにー
私も少しこのごろは大人になった
テニスやピアノ、クロエの病院
細かい用事はいっぱいあったし
ざ‥ざ
バカよね～
旅番組
ボリボリ
よゆうのよっちゃん♫
なにより貞子と2人きりになると、貞夫が再びしかばねになるのは目に見えていたから

翌日
貞夫が出勤するまで2Fにいた
トントン…
……
あれ?・いるの?・
なにあんた実家に行ったんじゃないけ?・
うん・やめたうちにいるよ
……そう……
あきらかに
がっかり
……
いちゃ悪かったですか
すらません

そして貞夫はというと…
あ〜あ ひろこいないのか
※仕事の帰り
またクロエの散歩に
シクシク
バーバの世話か…
かんしゃくおこして失敗したな〜
ん?
あれは
ひろことクロエ!
夕方のサンポ

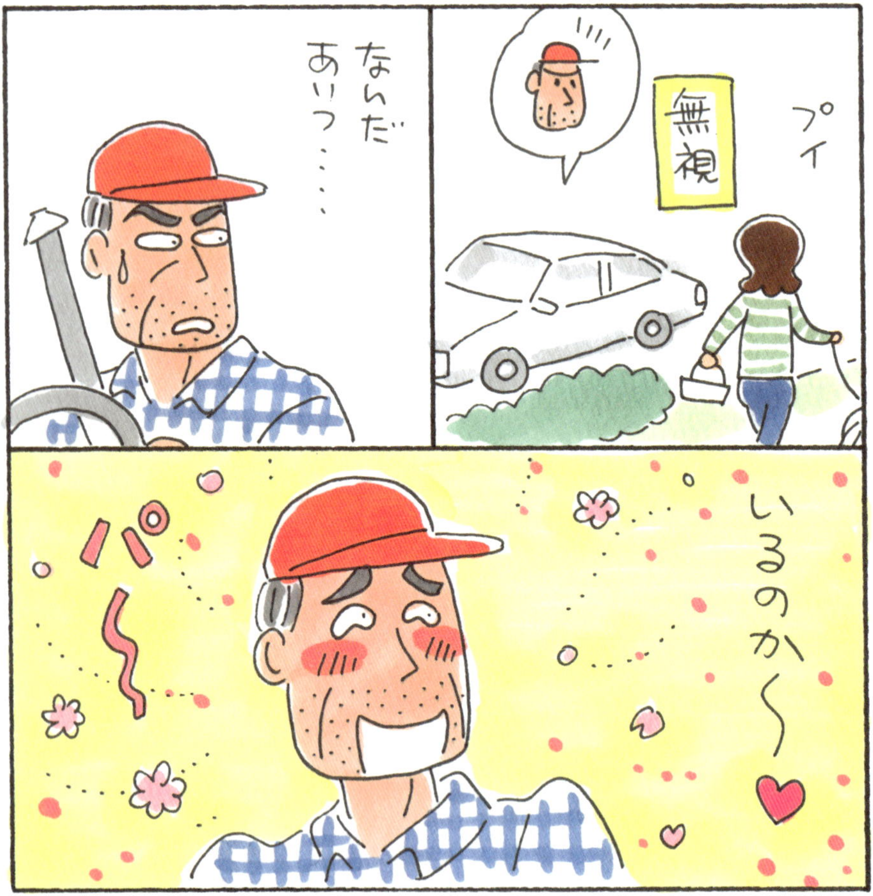
プイ
無視
なんだあいつ・・・・
いるのか～
パ～

貞夫も大人になりました

年を取るとお互い気が短くなるようです。些細な事で喧嘩しますが、仲直りも心得ています（笑）

煮物(筑前煮)のごぼうだけを残す
……ごちそう様
ごぼう……
好きじゃなかった?、
固いでね……
わし……歯が弱いでかめん
100万回聞いたよそのセリフ
※だからやわらかく煮たよ

別の日
バーバ、ご飯でき……
ノックしてるよ
あ！また
ご飯前になに食べてるの!?
ポリポリ
おなかすいてしょんないもんで……
コリコリ
ピーナツのおかき

それは…
固くないのかい？
ゴゴゴゴ‥

貞子様89歳になりました
祝辞「おめでとうございます
いつまでもお元気で」
（棒読み）
テッテレ～
答辞「ありがとね～」
（ちょっと棒読み）
ケーキのろうそくは
89才と2才の
共同作業
ふー
来年は卒寿！
百歳は楽勝
でしょうか！

貞子がデイサービスの食事を残した
いつもは完食
連絡帳
おや
どうしたのかな
また病院？
めんどくさい…
体調が悪いのかな

心配してソンしました

たまには、こういうほのぼのな時もあります。しかし、貞子の舌は肥えてるわー。

なにかベチャッとでてきたに
貞子は食事中服をよく汚す
ひろこさんちょっとふいて!!
フルーツサンドのクリーム
バーバもうエプロンが必要だね
デイでも使ってる人いるだんさが
あんなのよだれかけだら
かっこ悪《わる》いに
フン

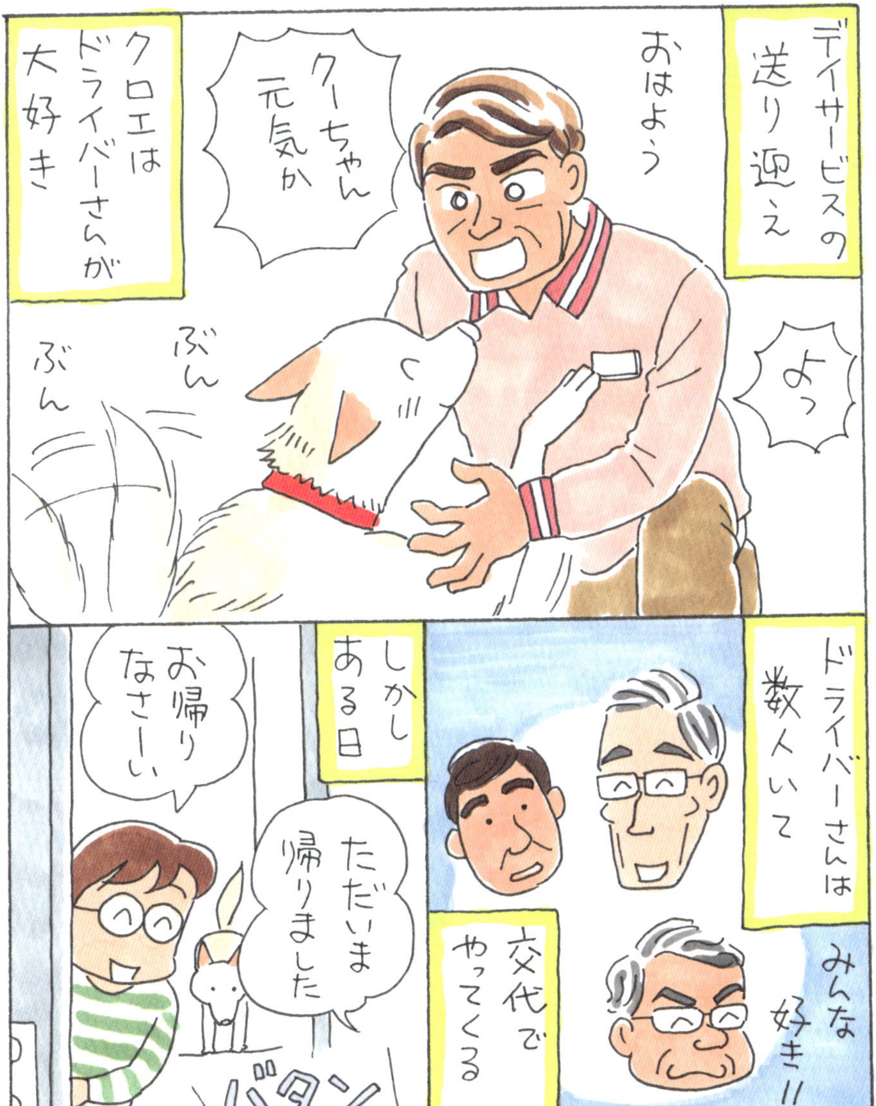
デイサービスの送り迎え
おはよう
クーちゃん元気か
よっ
クロエはドライバーさんが大好き
ぶん
ぶん
ドライバーさんは数人いて
みんな好き!!
交代でやってくる
しかしある日
お帰りなさーい
ただいま帰りました
バタン

あ……
どーも……
あれ？今日は出てこない
クロエー
クロエって、どうしたの
じっ
ドライバーさんにごあいさつは？
玄関に
おとなしく
あ…いいです
いや……
どうもありがとうございました
またお願いします
ブオロロロ

大好きなドライバーさんにのみ愛嬌ふりまきます。

貞子 89歳
もともと
料理は好きでない
そんなことないに
料理するに
↑大ウソ
我が家に
来てから
遠慮もあろうが
一人暮らしの時
鍋を焦がすこと
数知れず
火事に
なっちゃ
いかんで
以来
ガスに
手をつけない
みそ汁も
あたためない
冷蔵庫も開けない
一人で留守番時は
お弁当を用意
保温ポットは
フタが固くて
あかない、と
NG
レンジって
やりかた
分からんで
こわしちゃ
いかんで
つめたい
まま…
お湯も沸かさない
ポットも使えないから
飲み物は水オンリー
レンチンもしない

その日は
半ドンの貞夫と
2人で午後から
映画を観に行くことに
しかし 映画の終了時間が
貞子のデイサービスに
間に合わない
シネマ
赤ちゃん本ポ
ユニシロ
P
シネマ 本日上映
P
と、いうわけだから、
鍵を開けて
ひとりで家に
入ってて
ちょうだい
ドライバーさんに言っとくから
ホットミルク
晩《ばん》は？
※夕食は？
それまでには
帰ってくるから
朝食
クリームコッペパン
のむヨーグルト
バナナ

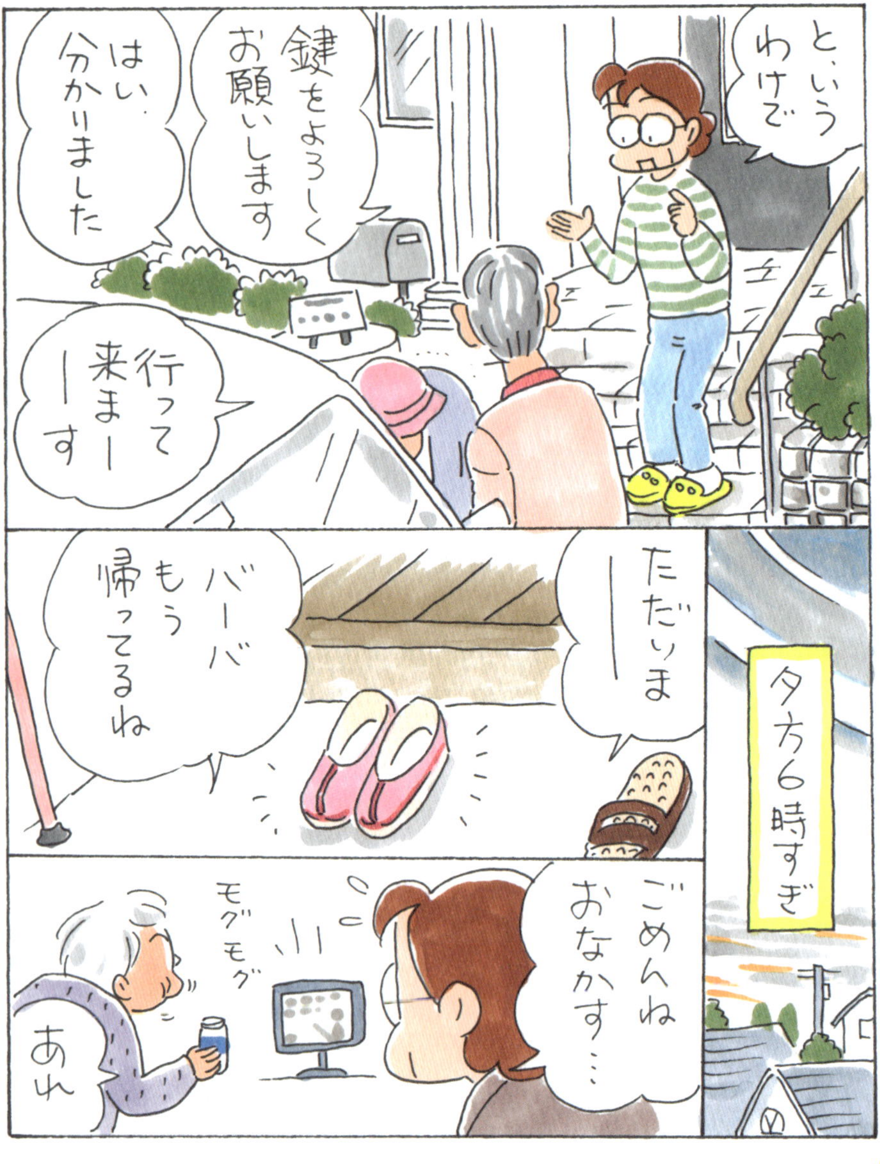
と、いう
わけで
鍵をよろしく
お願いします
はい、
分かりました
行って
来まーーす
夕方6時すぎ
ただいま
ーー
バーバ
もう
帰ってるね
ごめんね
おなかす…
モグモグ
あれ

お帰りー
早かったね
バナナ
のむヨーグルト
バーバ、自分で冷蔵庫開けたの？、
ひとりでは何もしないバーバがちゃんと食べ物探した？、
なんだよかったー
やればできるじゃん
心配〜てソンした
わしは冷蔵庫開けやせんに!

え？、だってそのヨーグルトとバナナ……
これは朝の
あんたら遅くなるって言ったらって、
朝、食べならんだ
デイから帰ったらお腹すくと思って
朝のを部屋（自分の）に持ってきといた
ズー
いつのまに…
しっかりしてる
チャッカリって、
大震災でも生き残れるタイプ

おそれいりました。

ぼ〜さ〜ん かんざ〜し
うたっ、めずらしい
貞子
バーバ 何うたっ てんの？
あらっ
聞こえ たけ？
着がえ中
今日、会社で カラオケ やっただよ
※デイサービス
わし、歌えん もんだで、皆の 聞いてただんさが
歌え、歌え って言われて
楽し かった
「南国土佐を 後にして」を 歌っただよ
じょうずだ じょうずだ、って 言われたに

翌日
はりまやば〜しで
あれ、今朝も
てすり
よっぽど楽しかったんだね
カララ…
貞子は89歳
ここ最近できない事が増えた
ありがとねー
お風呂は貞夫が時々介助したり
食欲も落ち、足元はおぼつかない
よいしょ
耳もかなり遠くなった

腹のたつ事も少なくなった
少しはある
お〜も〜いだしま〜す
パンパン
この先バーバがますます老いて寝たきりになったら
故郷の友が〜
か〜どでてに歌おった〜
その時私はどうするのか最後までお世話できるのか
とさ〜の こ〜ちの〜
その時にならなければ分からない
今はとにかくできることをやっていこう
よさこ〜い よさこ〜い

時代は変わり
平成から
令和になった
ひろこさん
令和って大きく書いて私の部屋に貼ってちょうだい
めんどくさい
と、元気に言っていた貞子だったが
令和元年5月2日
貞子 心不全で急逝する

行ってくるでねー
さわやかな五月晴れ
おだやかに旅立った

告別式の前日
お棺の中に入れたいお品物がありましたらお持ち下さいお預りしておきます
はい、じゃあこの編み物と・・・・・

これも入れたげようか
米寿のお祝の時に、あらた達が作ってくれたパネル
孫とひ孫の写真
おめでとう
ずっとリビングに飾っておいたけど
惜しいけどバーバが淋しくないように

貞子の遺品、みんなまとめてお焚き上げ〜

パン
あ！
そーだ
バーバの
明日のパン
買わなきゃ

これこれ
この甘い
バタースティック
これさえ
あれば
なんか
久し振り
な気が
する
………
あれ？
バーバは？

二度寝した朝

認知症もなく、寝たきりにもならず、
本当にピンピンコロリで
旅立ちました。
人生の最後に私達と同居して、
バーバは幸せだったのかな。
その答えも今では分かりません。

instagramアカウント
@shiroko.chloe

シロコ

1960年9月8日生まれ。子供の頃から漫画が大好き。主婦をするかたわら趣味の延長で時々イラストを描いていた。2015年から姑と同居したのを機にインスタグラムを開始。

アラカン主婦の毒吐き日記
～貞子バーバは めんどくさい～

2019年11月10日　初版発行

著　　　者　シロコ
編　　　集　丸野容子
装 丁・DTP　セキケイコ（SELFISH GENE）
発　行　人　木本敬巳
発行・発売　ぴあ株式会社
〒150-0011
東京都渋谷区東1-2-20
渋谷ファーストタワー
03-5774-5262（編集）
03-5774-5248（販売）
印刷・製本　株式会社シナノパブリッシング プレス

JASRAC㊥1911294-901

ISBN978-4-8356-3934-5